Impressum
Verlag: BABADADA GmbH, Nedderfeld 112 , 22529 Hamburg
Geschäftsführer / Verlagsleitung: Harald Hof
Druck: Books on Demand GmbH, In de Tarpen 42, 22848 Norderstedt

Imprint
Publisher: BABADADA GmbH, Nedderfeld 112 , 22529 Hamburg, Germany
Managing Director / Publishing direction: Harald Hof
Print: Books on Demand GmbH, In de Tarpen 42, 22848 Norderstedt

escola
école

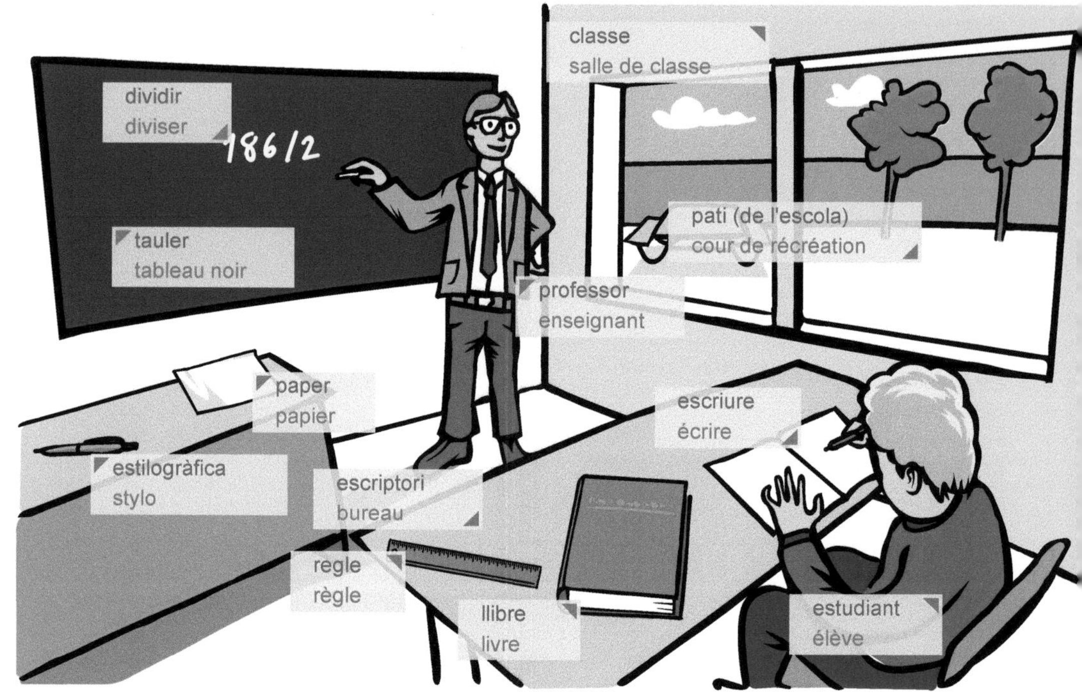
classe
salle de classe
dividir
diviser
186/2
tauler
tableau noir
pati (de l'escola)
cour de récréation
professor
enseignant
paper
papier
escriure
écrire
estilogràfica
stylo
escriptori
bureau
regle
règle
llibre
livre
estudiant
élève

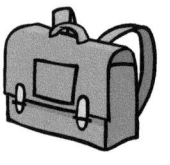

bossa

sac d'école

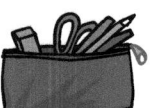

estoig

trousse

llapis

crayon

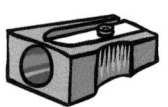

maquineta de fer punta

taille-crayon

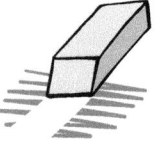

goma

gomme

bloc de dibuix

carnet à dessin

dibuix

dessin

pinzell

pinceau

capsa de pintures

boîte de peinture

tisores

ciseaux

cola

colle

quadern d'exercicis

cahier d'exercices

deures

tâches

nombre

chiffre

afegir

additionner

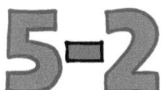

sostreure

soustraire

multiplicar

multiplier

calcular

calculer

lletra

lettre

alfabet

alphabet

mot

mot

text
texte

llegir
lire

guix
craie

lliçó
leçon

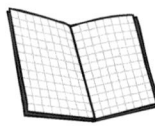

llibre de classe
livre de classe

examen
examen

certificat
certificat

uniforme escolar
uniforme scolaire

formació
formation

enciclopèdia
lexique

universitat
université

microscopi
microscope

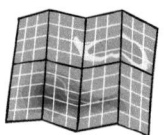

mapa
carte

paperera
corbeille à papier

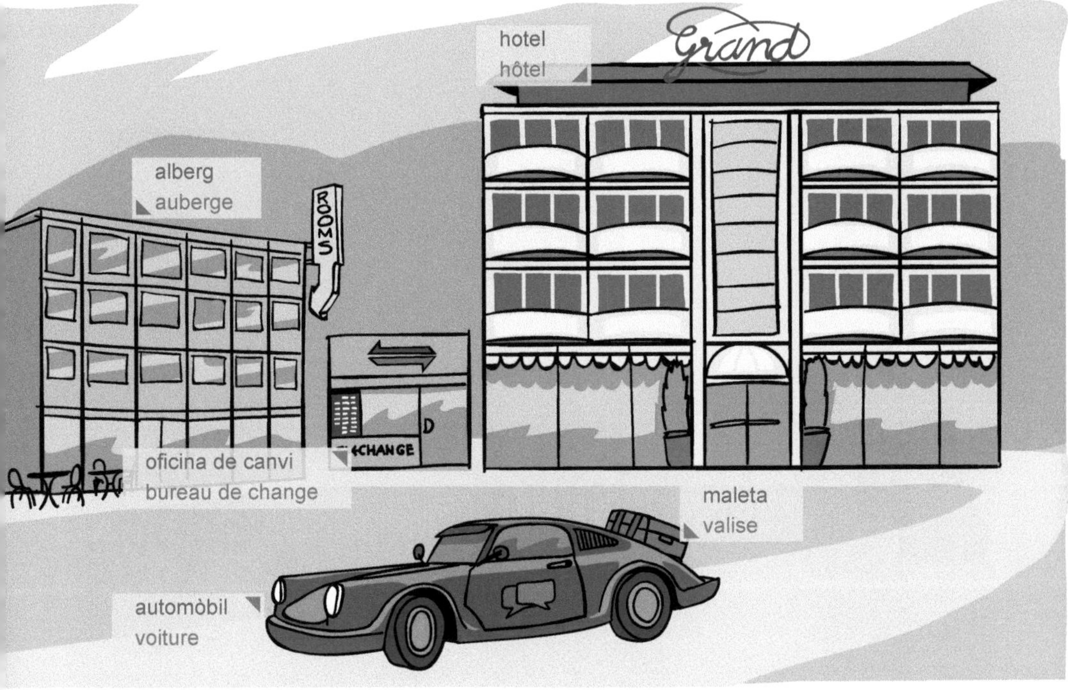
hotel
hôtel
Grand
alberg
auberge
ROOMS
oficina de canvi
bureau de change
CHANGE
maleta
valise
automòbil
voiture

llengua

langue

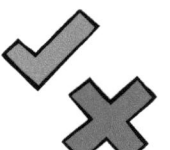

sí / no

oui / non

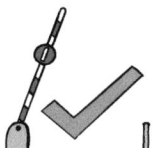

D'acord

d'accord

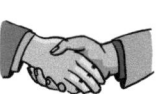

Ey!

Salut

traductora

interprète

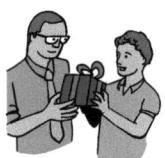

gràcies

merci

Quant costa... ?

Combien coûte...?

No entenc

Je ne comprends pas

problema

problème

Bona nit!

Bonsoir!

bon dia!

Bonjour!

bona nit!

Bonne nuit!

fins aviat

Au revoir

direcció

direction

bagatge

bagages

bossa

sac

sarrona

sac-à-dos

convidat

hôte

cambra

pièce

sac de dormir

sac de couchage

tenda

tente

oficina de turisme

office de tourisme

platja

plage

carta de crèdit

carte de crédit

esmorzar

petit-déjeuner

dinar

déjeuner

sopar

dîner

bitllet

billet

ascensor

ascenseur

segell

timbre

frontera

frontière

duana

douane

ambaixada

ambassade

visat

visa

passaport

passeport

viatge - voyage

transport

transport

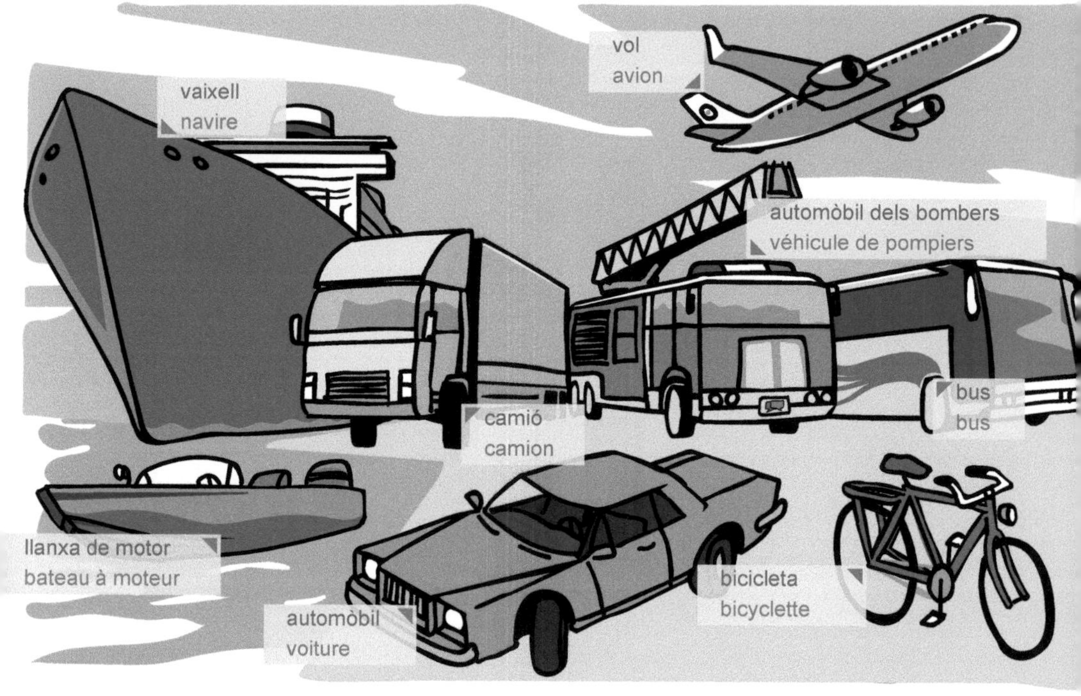
vol
avion
vaixell
navire
automòbil dels bombers
véhicule de pompiers
bus
bus
camió
camion
llanxa de motor
bateau à moteur
bicicleta
bicyclette
automòbil
voiture

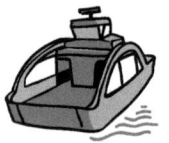

transbordador

ferry

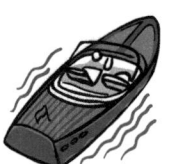

barca

barque

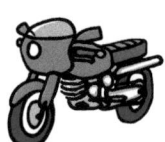

moto

moto

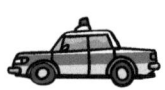

automòbil de policia

voiture de police

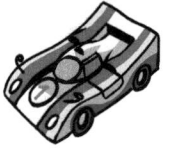

automòbil de curses

voiture de course

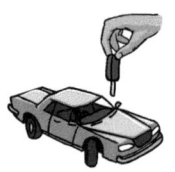

automòbil de lloguer

voiture de location

vehicle compartit

autopartage

grua

dépanneuse

camió de les escombraries

benne à ordures

motor

moteur

benzina

essence

benzineria

station d'essence

senyal de trànsit

panneau indicateur

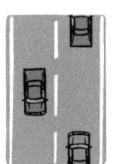

trànsit

trafic

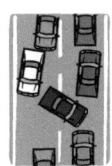

embús

embouteillage

aparcament

parking

estació de trens

gare

vies

rails

tren

train

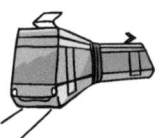

tramvia

tram

vagó

wagon

helicòpter

hélicoptère

aeroport

aéroport

torre

tour

passatger

passager

contenidor

container

capsa de cartó

carton

carretó

chariot

cistella

corbeille

enlairar-se / aterrar

décoller / atterrir

ciutat
ville

poble

village

centre de la ciutat

centre-ville

casa

maison

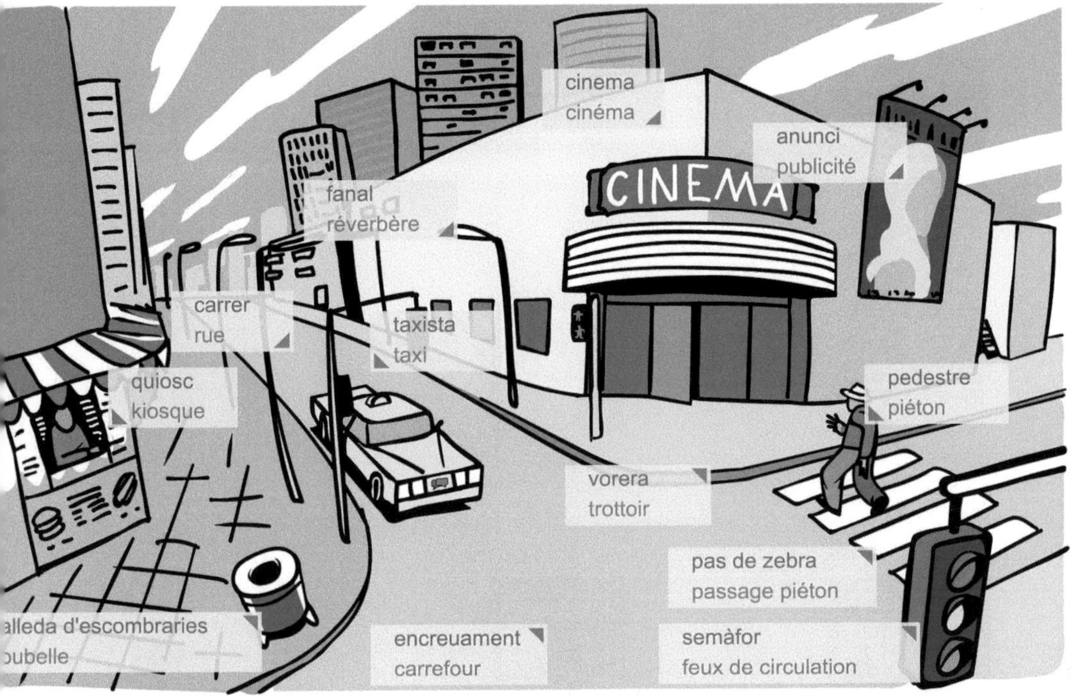

cinema
cinéma

anunci
publicité

fanal
réverbère

CINEMA

carrer
rue

taxista
taxi

quiosc
kiosque

pedestre
piéton

vorera
trottoir

pas de zebra
passage piéton

alleda d'escombraries
oubelle

encreuament
carrefour

semàfor
feux de circulation

cabana
cabane

apartament
appartement

estació de trens
gare

casa de la vila-ciutat
mairie

museu
musée

escola
école

universitat

université

banca

banque

hospital

hôpital

hotel

hôtel

farmàcia

pharmacie

oficina

bureau

llibreria

librairie

botiga

magasin

floristeria

fleuriste

supermercat

supermarché

mercat

marché

gran magatzem

grand magasin

peixateria

poissonnerie

centre comercial

centre commercial

port

port

parc
parc

banc
banque

pont
pont

escala
escaliers

metro
métro

túnel
tunnel

parada d'autobús
arrêt de bus

bar
bar

restaurant
restaurant

bústia de correu
boîte à lettres

senyal indicador
panneau indicateur

parquímetre
parcomètre

zoo
zoo

piscina
réverbère

mesquita
mosquée

granja
ferme

pol·lució
pollution

cementiri
cimetière

església
église

parc infantil
aire de jeux

temple
temple

paisatge

paysage

fulla
feuille

cartell indicador
panneau indicateur

camí
chemin

prat
pré

pedra
pierre

excursionista
randonneur

arbre
arbre

riu
rivière

gespa
herbe

flor
fleur

vall
....
vallée

muntanya
....
montagne

llac
....
lac

bosc
....
forêt

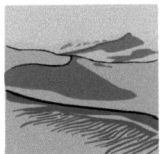

desert
....
désert

volcà
....
volcan

castell
....
château

arc de Sant Martí
....
arc-en-ciel

bolet
....
champignon

palmera
....
palmier

moscard
....
moustique

mosca
....
mouche

formiga
....
fourmis

abella
....
abeille

aranya
....
araignée

escarabat

scarabée

granota

grenouille

esquirol

écureuil

eriçó

hérisson

llebre

lapin

òliba

chouette

ocell

oiseau

cigne

cygne

senglar

sanglier

cervo

cerf

ant

élan

presa

barrage

turbina

éolienne

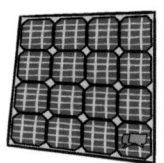

panell solar

panneau solaire

clima

climat

cambrer
serveur

menú
menu

cadira
chaise

sopa
soupe

pizza
pizza

tovalla
nappe

coberts
services

primer plat
hors d'œuvre

plat principal
plat principal

darreries
dessert

begudes
boissons

menjar
alimentation

ampolla
bouteille

menjar ràpid

fast-food

menjar de carrer

plats à emporter

tetera

théière

sucrer

sucrier

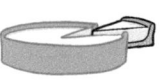

porció

portion

màquina d'espresso

machine à expresso

trona

chaise haute

factura

facture

plata

plateau

ganivet

couteau

forqueta

fourchette

cullera

cuillère

cullereta

cuillère à thé

tovalló

serviette

got

verre

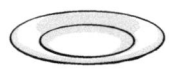

plat

assiette

plat de sopa

assiette à soupe

plateret

soucoupe

salsa

sauce

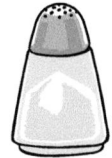

saler

salière

molinet de pebre

moulin à poivre

vinagre

vinaigre

oli

huile

espècies

épices

quètxup

ketchup

mostassa

moutarde

maionesa

mayonnaise

supermercat

supermarché

oferta especial
offre promotionnelle
FOR
client
client
productes lactis
produits laitiers
fruites
fruits
carret de la compra
caddie

BUTCHERS

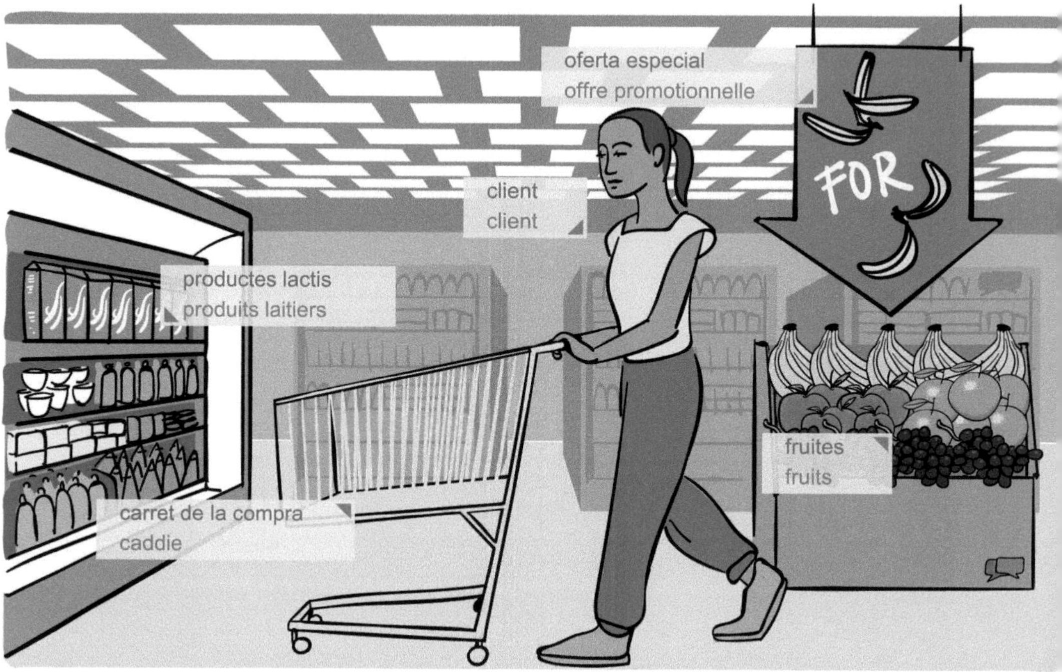

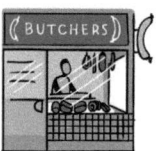

carnisseria

boucherie

BAKERY

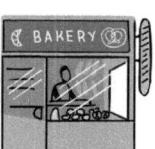

forn de pa

boulangerie

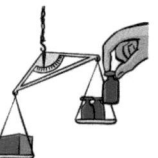

pesar

peser

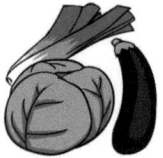

verdures

légumes

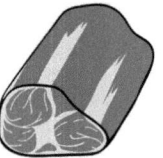

carn

viande

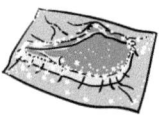

menjar congelat

aliments surgelés

carn freda
charcuterie

conserves
conserves

detergent en pols
poudre à lessive

dolços
bonbons

articles domèstics
articménagers

productes de neteja
détergents

venedora
vendeuse

caixa registradora
caisse

caixera
caissier

llista de la compra
liste d'achats

horari d'obertura
heures d'ouverture

portamonedes
portefeuille

carta de crèdit
carte de crédit

bossa
sac

bossa de plàstic
sac en plastique

begudes
boissons

aigua
eau

suc
jus de fruit

llet
lait

coca-cola
coca

vi
vin

cervesa
bière

alcohol
alcool

cacau
chocolat chaud

te
thé

cafè
café

espresso
expresso

cappuccino
cappuccino

banana

banane

poma

pomme

taronja

orange

síndria

melon

llimona

citron

pastanaga

carotte

all

ail

bambú

bambou

ceba

oignon

bolet

champignon

avellanes

noisettes

fideus

pâtes

espaguetis

spaghettis

arròs

riz

amanida

salade

patates fregides

frites

patates fregides

pommes de terre rôties

pizza

pizza

hamburguesa

hamburger

entrepà

sandwich

escalopa

escalope

cuixot

jambon

salami

salami

salsitxa

saucisse

pollastre

poulet

rostit

rôti

peix

poisson

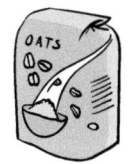

flocs de civada
flocons d'avoine

musli
muesli

cereals
cornflakes

farina
farine

croissant
croissant

panet
petits-pains

pa
pain

torrada
pain grillé

bescuits
biscuits

mantega
beurre

mató
fromage blanc

pastís
gâteau

ou
œuf

ou fregit
œuf au plat

formatge
fromage

gelat

glace

sucre

sucre

mel

miel

melmelada

confiture

crema de xocolata

crème nougat

curri

curry

granja
ferme

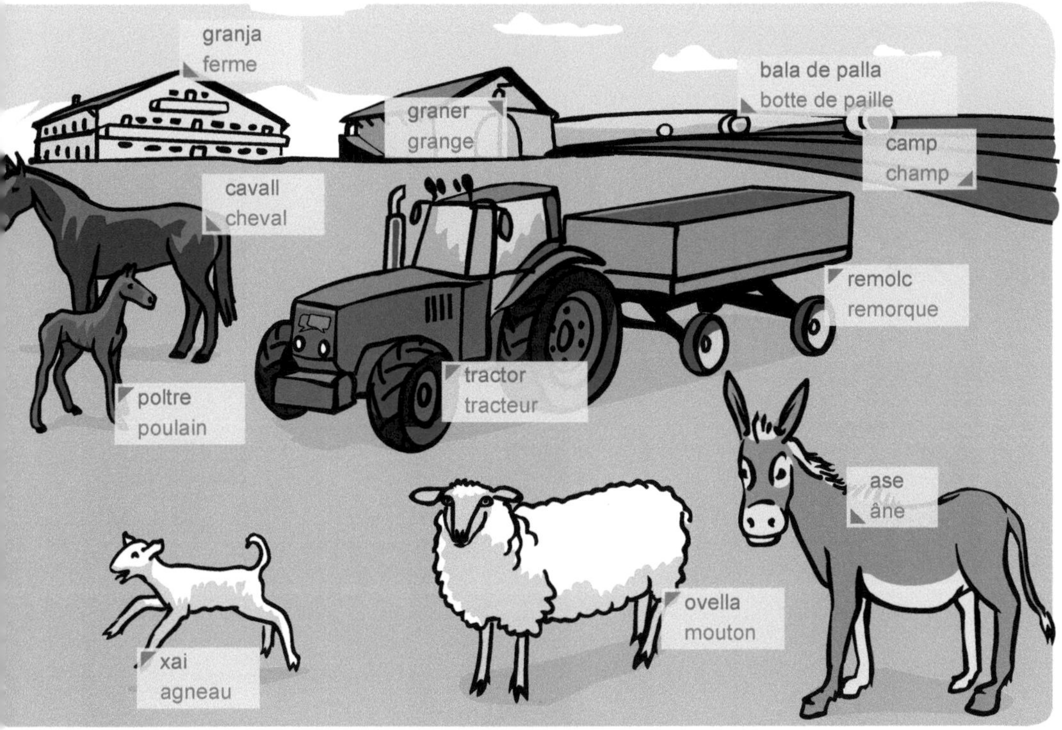
granja
ferme
graner
grange
bala de palla
botte de paille
camp
champ
cavall
cheval
remolc
remorque
tractor
tracteur
poltre
poulain
ase
âne
ovella
mouton
xai
agneau

cabra
chèvre

vaca
vache

vedella
veau

porc
porc

garrí
porcelet

bou
taureau

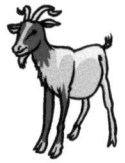

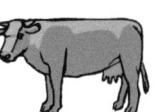

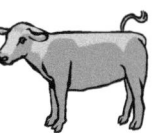

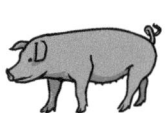

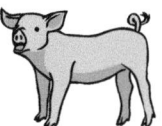

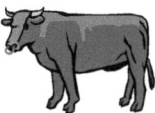

oca
oie

ànec
canard

poll
poussin

gall
poule

gallina
coq

rata
rat

gat
chat

ratolí
souris

bou
bœuf

gos
chien

gossera
chenil

mànega de regar
tuyau de jardin

regadora
arrosoir

dalla
faucheuse

arada
charrue

falç
faucille

aixada
pioche

forca
fourche

destral
hache

carretó
brouette

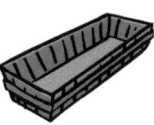

abeurador
cuve

lletera
pot à lait

sac
sac

tanca
clôture

establa
étable

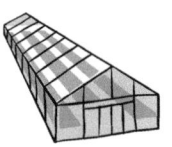

hivernacle
serre

sòl
sol

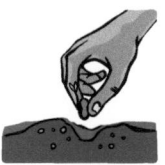

llavor
semences

adob
engrais

collidora
moissonneuse-batteuse

collir
récolter

collita
récolte

nyam
igname

blat
blé

soja
soja

patata
pomme de terre

blat de moro o d'indi
maïs

colza
colza

arbre fruiter
arbre fruitier

mandioca
manioc

cereals
céréales

casa
maison

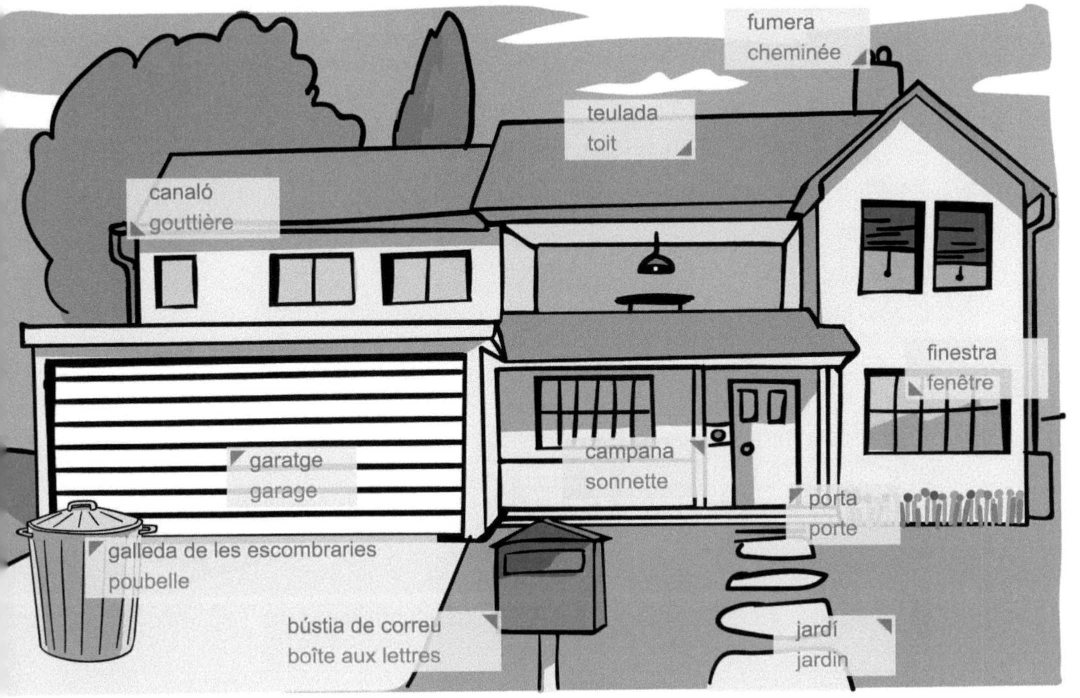

fumera
cheminée
teulada
toit
canaló
gouttière
finestra
fenêtre
garatge
garage
campana
sonnette
porta
porte
galleda de les escombraries
poubelle
bústia de correu
boîte aux lettres
jardí
jardin

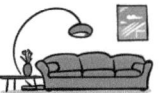

sala d'estar

salon

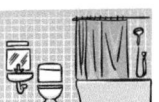

bany

chambre de bain

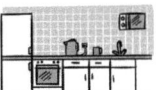

cuina

cuisine

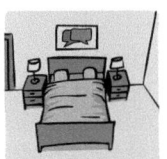

cambra de dormir

chambre à coucher

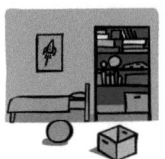

cambra de nen

chambre d'enfant

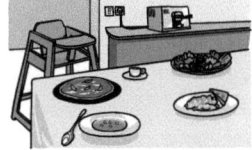

menjador

salle à manger

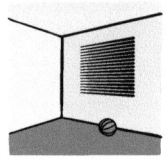

sòl
sol

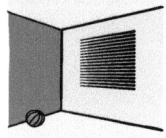

paret
mur

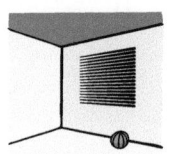

sostre
plafond

soterrani
cave

sauna
sauna

balcó
balcon

terrassa
terrasse

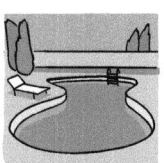

piscina
piscine

tallagespa
tondeuse à gazon

vànova
fourre de duvet

cobrellit
couette

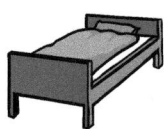

llit
lit

escombra
balai

galleda
sceau

interruptor
interrupteur

paper de paret
papier peint

quadre
image

làmpada
lampe

prestatge
étagère

armari
armoire

escalfapanxes
cheminée

televisor
télé

flor
fleur

coixí
coussin

sofà
canapé

gerro
vase

telecomanda
télécommande

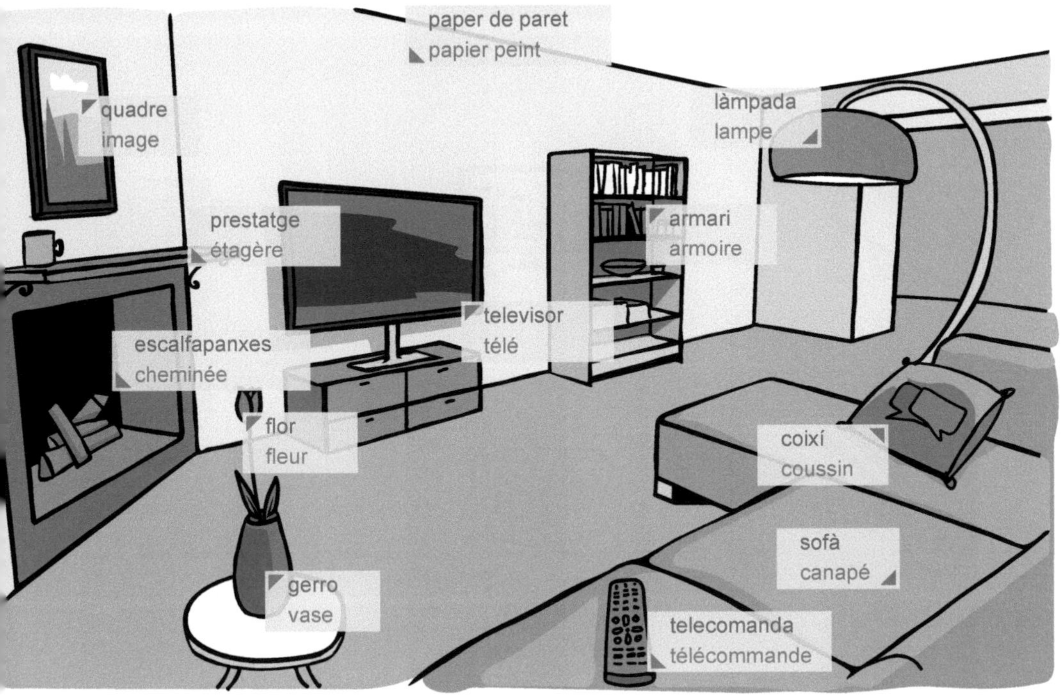

	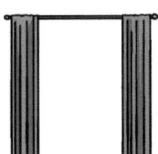	
catifa / tapis	cortina / rideau	taula / table

cadira / chaise	cadira gronxadora / chaise à bascule	cadiral / fauteuil

llibre

livre

llençol

couverture

decoració

décoration

llenya

bois de chauffage

film

film

cadena de música

chaîne hi-fi

clau

clé

diari

journal

pintura

peinture

cartell

poster

ràdio

radio

bloc de notes

bloc-notes

aspiradora

aspirateur

cactus

cactus

candela

bougie

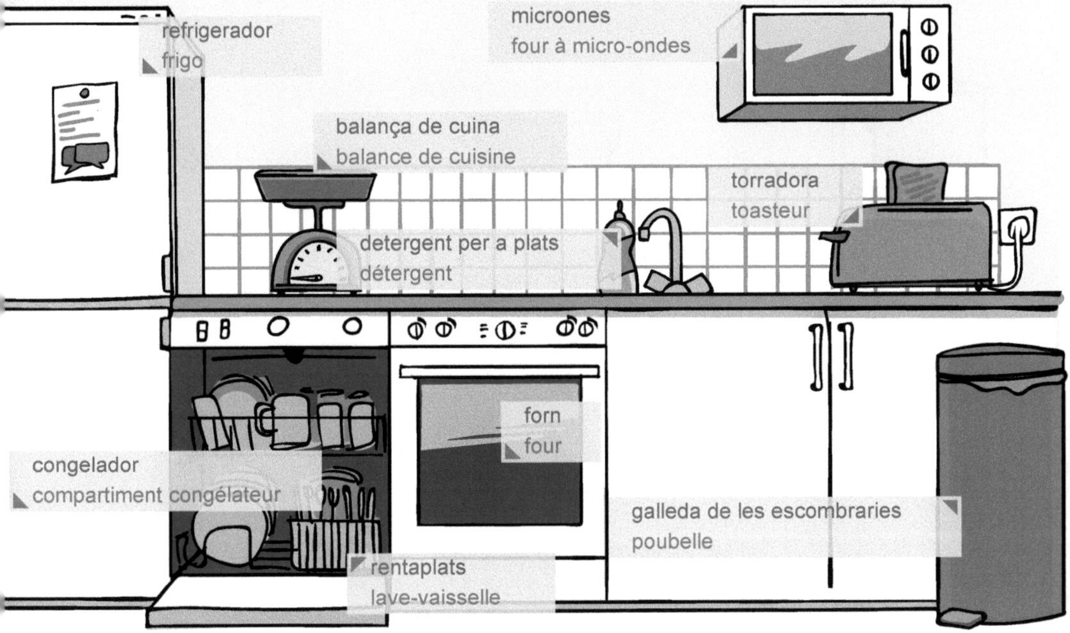

refrigerador
frigo

microones
four à micro-ondes

balança de cuina
balance de cuisine

torradora
toasteur

detergent per a plats
détergent

forn
four

congelador
compartiment congélateur

galleda de les escombraries
poubelle

rentaplats
lave-vaisselle

cuina de fogons
four

olla
casserole

olla de ferro colat
marmite

wok / karahi
wok/kadai

paella
poêle

bullidor
bouilloire électrique

olla de vapor

cuiseur vapeur

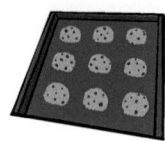

plata de forn

plaque de cuisson

vaixella

vaisselle

tassa grossa

gobelet

bol

bol

bastonets xinesos

baguettes

culler

louche

espàtula

spatule

batedor

fouet

colador

passoire

sedàs

tamis

ratllador

râpe

morter

mortier

barbacoa

barbecue

foc a terra

cheminée

taula de tallar

planche à découper

corró

rouleau à pâtisserie

llevataps

tire-bouchon

pot de conserva

boîte

obridor

ouvre-boîte

agafador

maniques

aigüera

lavabo

raspall

brosse

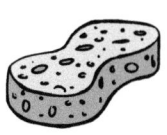

esponja

éponge

batedora

mixeur

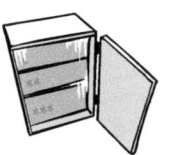

congelador

congélateur

biberó

biberon

aixeta

robinet

calefacció
chauffage

dutxa
douche

tovallola
serviette

cortina de dutxa
rideau de douche

bany de bombolles
bain moussant

banyera
baignoire

got
verre

rentadora
machine à laver

aixeta
robinet

rajoles
carrelage

orinal
pot

aigüera
lavabo

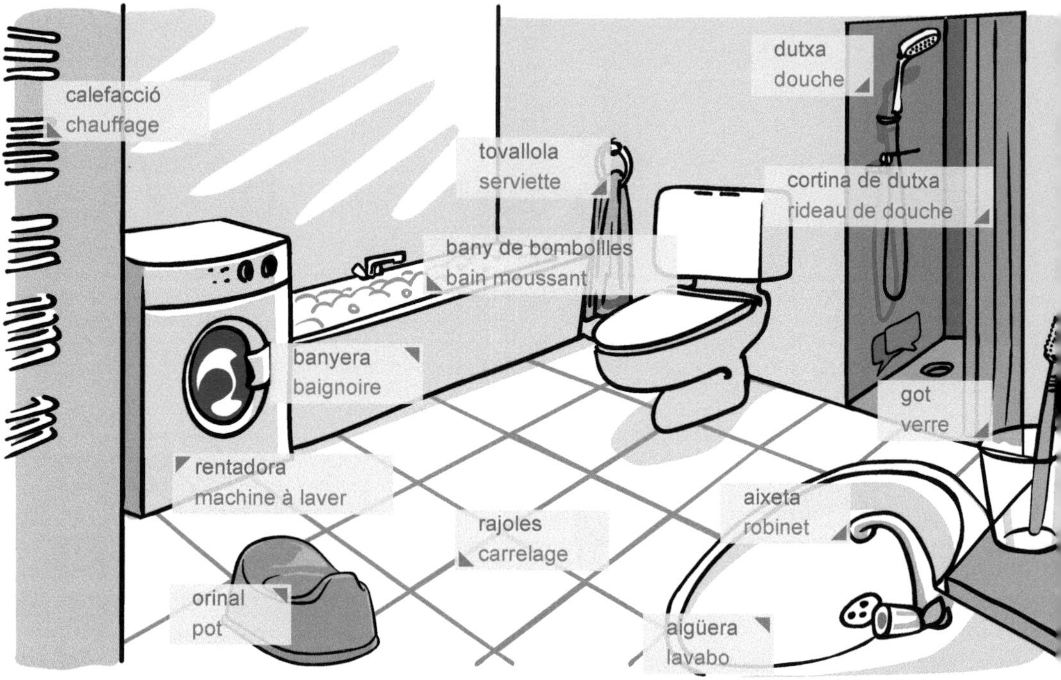

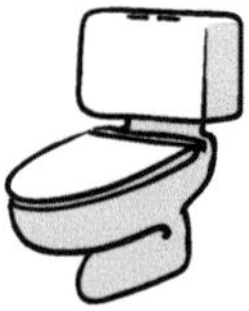

lavabo
toilettes

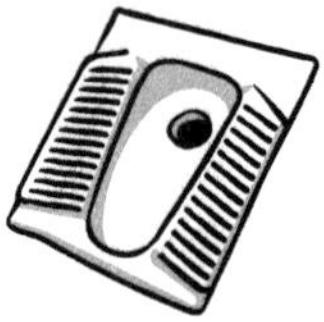

lavabo turc
toilette à turque

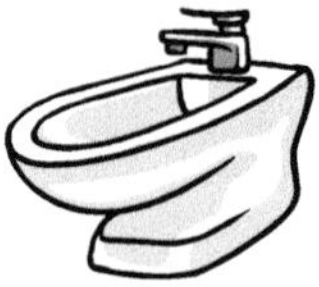

bidet
bidet

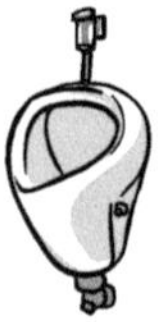

orinador
urinoir

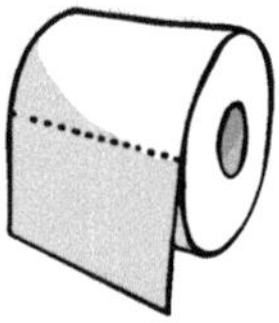

paper higiènic
papier toilette

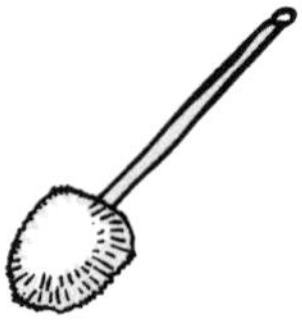

escombreta de sanitari
brosse à toilette

raspall de dents

brosse à dents

pasta de dents

dentifrice

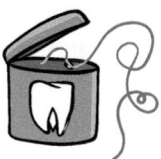

fil dental

fil dentaire

rentar

laver

pom de dutxa

douche manuelle

dutxa íntima

douche intime

rentamans

vasque

raspall per a l'esquena

brosse dorsale

sabó

savon

gel de dutxa

gel douche

xampú

shampooing

manyopla de bany

gant de toilette

bonera

écoulement

crema

crème

desodorant

déodorant

mirall
miroir

mirall-espill de mà
miroir cosmétique

maquineta de rasar
rasoir

espuma de barbejar
mousse à raser

loció post-rasada
après-rasage

pinta
peigne

raspall
brosse

eixugador
sèche-cheveux

laca
laque pour cheveux

maquillatge
fond de teint

pintallavis
rouge à lèvres

esmalt d'ungles
vernis à ongles

cotó
ouate

tallaungles
coupe-ongles

perfum
parfum

estoig de bellesa

trousse de toilette

tamboret

tabouret

bàscula

balance

barnús

peignoir

guants de goma

gants de nettoyage

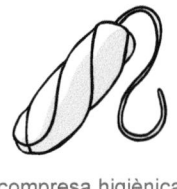

compresa higiènica

tampon

compresa

serviettes hygiéniques

sanitari químic

toilette chimique

cambra de nen
chambre d'enfant

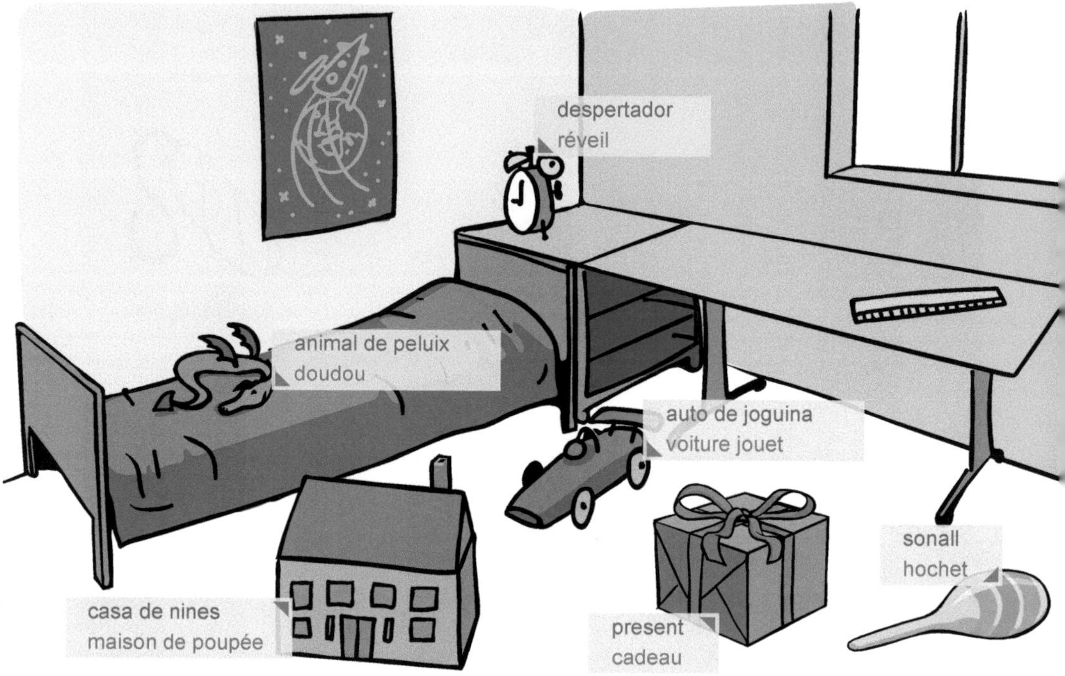

despertador
réveil
animal de peluix
doudou
auto de joguina
voiture jouet
sonall
hochet
casa de nines
maison de poupée
present
cadeau

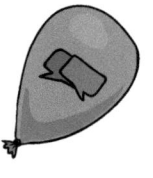

baló
ballon

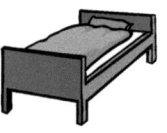

llit
lit

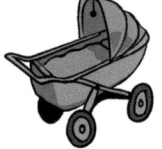

cotxet per a nens
poussette

joc de cartes
jeu de cartes

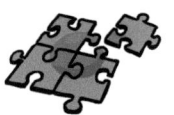

trencaclosca
puzzle

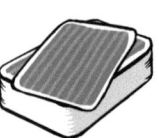

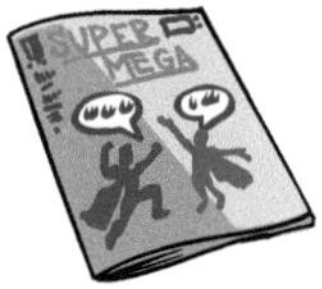

SUPER MEGA

historieta
bande dessinée

peces de lego

pièces lego

peces de construcció

blocs de construction

ninot d'acció

figurine

granota

grenouillère

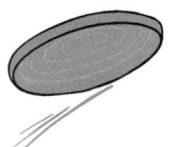

frisbee

frisbee

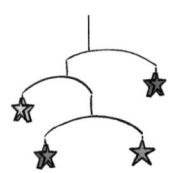

mòbil per a bressol

mobile

joc de taula

jeu de société

daus

dé

tren elèctric

train miniature

xumet

sucette

festa

fête

llibre de dibuixos

livre d'images

pilota

balle

nina

poupée

jugar

jouer

sorrera

bac à sable

gronxador

balançoire

joguines

jouets

consola de jocs de vídeo

console de jeu

tricicle

tricycle

osset de peluix

ours en peluche

armari

armoire

roba

vêtements

mitjons

chaussettes

mitges

bas

mitja pantaló

collant

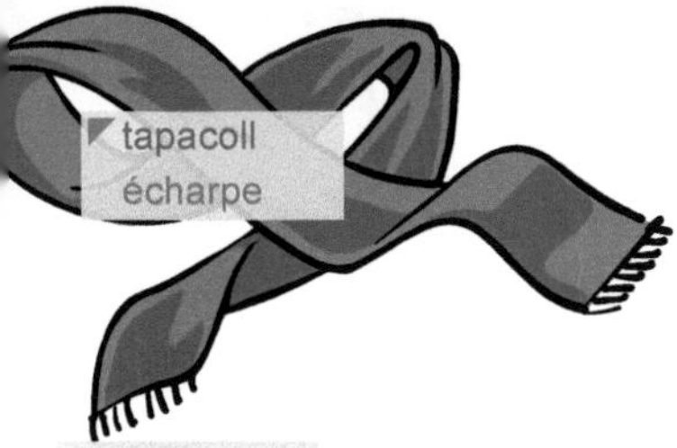

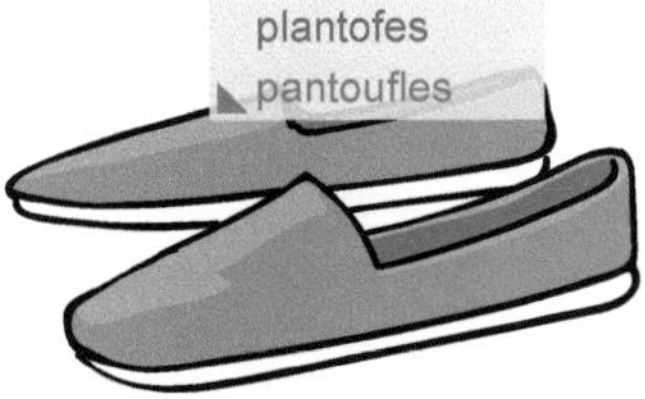

tapacoll
écharpe

paraigua
parapluie

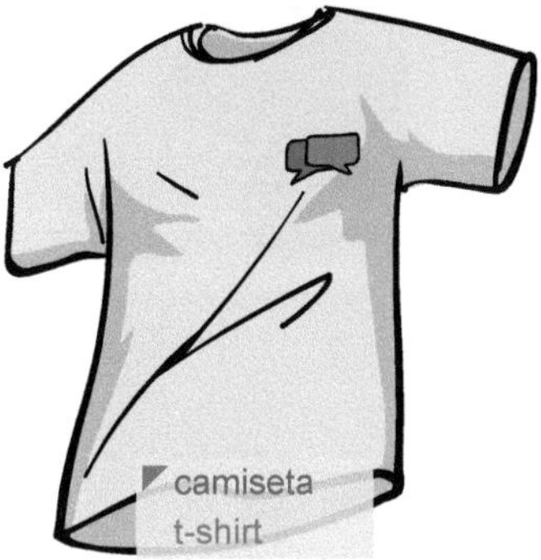

camiseta
t-shirt

cintura
ceinture

botes
bottes

plantofes
pantoufles

sabates d'esport
baskets

sandàlies
sandales

sabates
chaussures

botes de goma
bottes de caoutchouc

calçonets
linge de corps

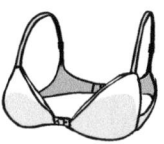

sostenidor
soutien-gorge

guardapits
maillot de corps

jjustacòs

body

pantalons

pantalon

jeans

jean

faldeta

jupe

brusa

chemisier

camisa

chemise

jersei

pull

dessuadora

pull-over à capuche

blazer

veste

jaqueta

veste

mantell

manteau

impermeable

imperméable

vestit de dona

costume

vestit de dona

robe

vestit de núvia

robe de mariée

vestit d'home
costume

camisa de dormir
chemise de nuit

pijama
pyjama

sari
sari

mocador de cap
foulard

turbant
turban

burca
burqa

caftan
caftan

abaia
abaya

vestit de bany
maillot de bain

calçon(et)s de bany
costume de bain

pantalons curts
cuissettes

xandall
tenue d'entraînement

davantal
tablier

guants
gants

botó
bouton

ulleres
lunettes

braçalet
bracelet

collaret
collier

anell
bague

orellera
boucle d'oreille

casquet
bonnet

penjador
cintre

capell
chapeau

corbata
cravate

cremallera
fermeture éclair

casc
casque

elàstics
bretelles

uniforme escolar
uniforme scolaire

uniforme
uniforme

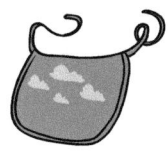

pitet

bavoir

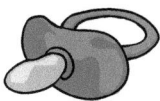

xumet

sucette

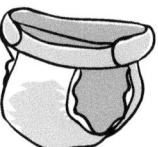

bolquer

couche

oficina
bureau

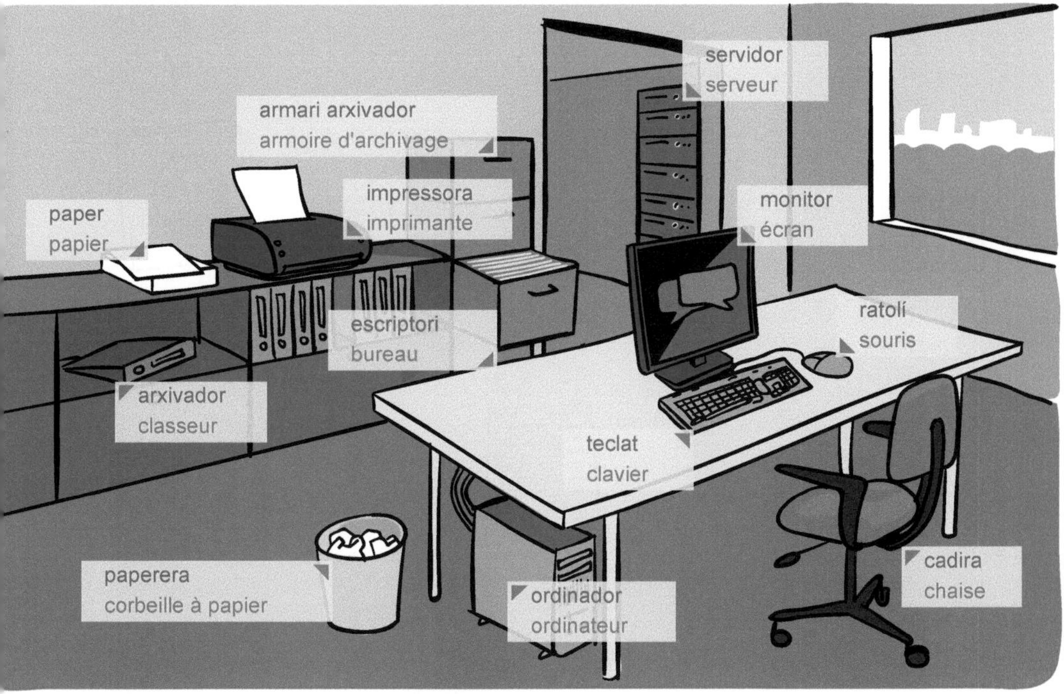
servidor
serveur
armari arxivador
armoire d'archivage
impressora
imprimante
paper
papier
monitor
écran
ratolí
souris
escriptori
bureau
arxivador
classeur
teclat
clavier
paperera
corbeille à papier
ordinador
ordinateur
cadira
chaise

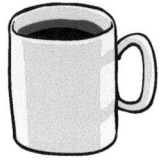

tassa de cafè

tasse à café

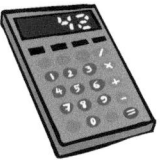

calculadora

calculatrice

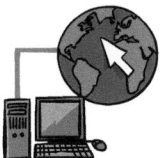

Internet

internet

ordinador portàtil

ordinateur portable

lletra

lettre

missatge

message

mòbil

portable

xarxa

réseau

fotocopiadora

photocopieuse

programari

logiciel

telèfon

téléphone

presa de corrent

prise

fax

fax

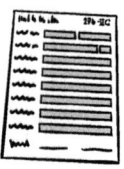

formulari

formulaire

document

document

comprar
....
acheter

pagar
....
payer

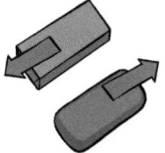

comerciar
....
marchander

diners
....
monnaie

dòlar
....
dollar

euro
....
euro

ien
....
yen

ruble
....
rouble

franc suís
....
franc suisse

renminbi
....
renminbi yuan

rupia
....
roupie

caixa automàtica
....
distributeur automatique

oficina de canvi

bureau de change

or

or

argent

argent

petroli

pétrole

energia

énergie

preu

prix

contracte

contrat

impost

taxe

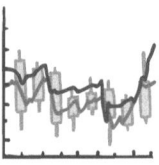

acció

action

treballar

travailler

treballador

employé

empresari

employeur

fàbrica

usine

botiga

magasin

oficis
professions

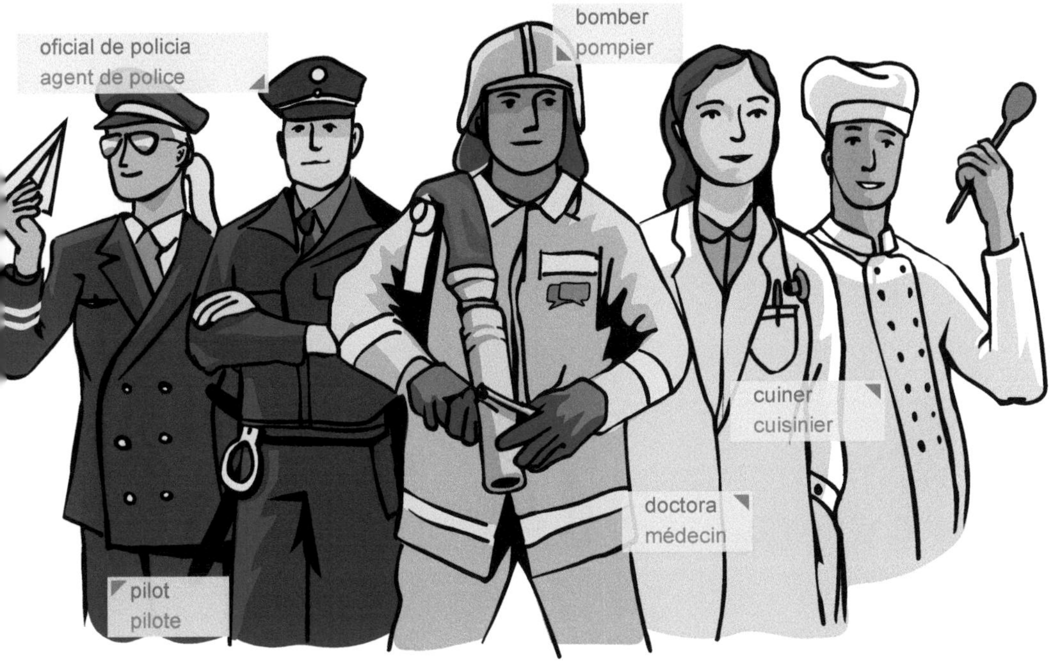

oficial de policia
agent de police
bomber
pompier
cuiner
cuisinier
doctora
médecin
pilot
pilote

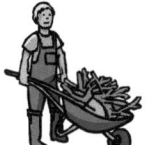

jardiner

jardinier

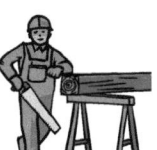

fuster

menuisier

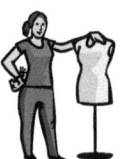

costurera

couturière

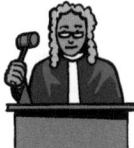

jutge

juge

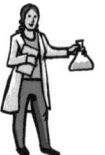

química

chimiste

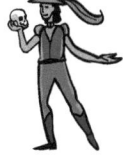

actor

acteur

conductor d'autobús

conducteur de bus

taxista

chauffeur de taxi

pescador

pêcheur

dona de la neteja

femme de ménage

ensostrador

couvreur

cambrer

serveur

caçador

chasseur

pintor

peintre

forner

boulanger

electricista

électricien

obrer de la construcció

ouvrier

enginyer

ingénieur

carnisser

boucher

llanterner

plombier

correu

facteur

soldat
soldat

arquitecte
architecte

caixera
caissier

florista
fleuriste

perruquer
coiffeur

revisor
contrôleur

mecànic
mécanicien

capità
capitaine

dentista
dentiste

científic
scientifique

rabí
rabbin

imam
imam

monjo
moine

capellà
prêtre

eines
outils

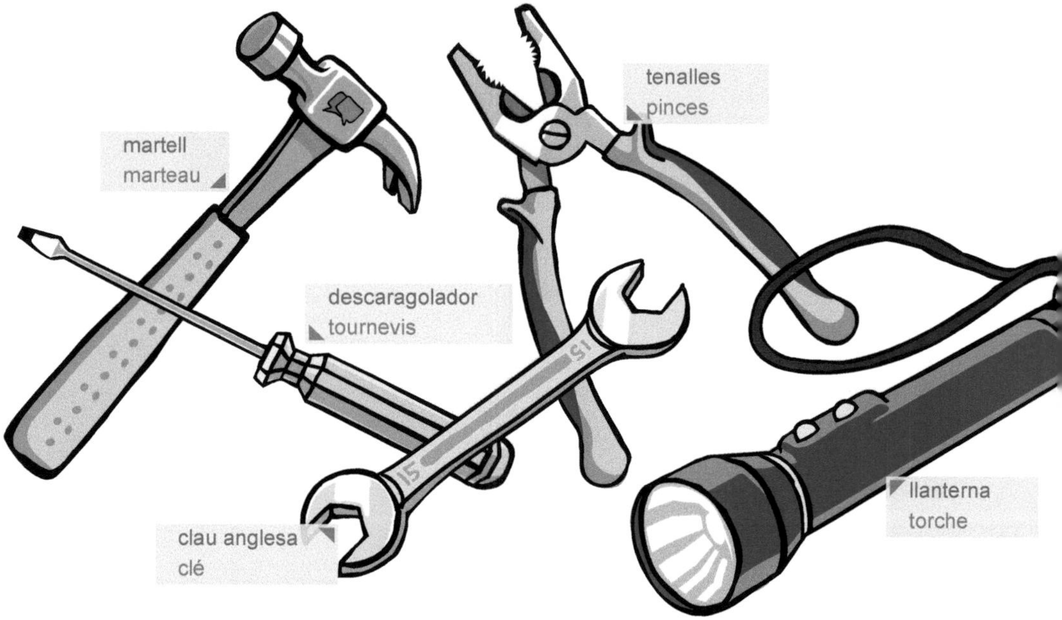

martell
marteau
tenalles
pinces
descaragolador
tournevis
clau anglesa
clé
llanterna
torche

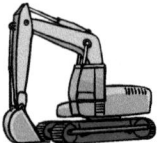

excavadora

pelleteuse

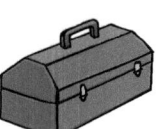

caixa d'eines

boîte à outils

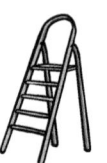

escala

échelle

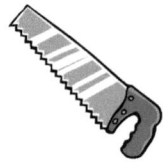

serra

scie

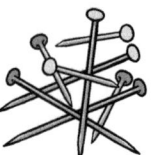

claus

clous

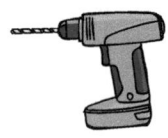

trepant

perceuse

reparar
réparer

pala
pelle

Maleït siga!
Mince!

pala
pelle

pot de pintura
pot de peinture

caragols
vis

instrument de música
instruments de musique

altaveu
haut-parleur

bateria
batterie

guitarra
guitare

contrabaix
contrebasse

trompeta
trompette

piano

piano

violí

violon

baix

basse

timbal

timbales

tambor

tambour

teclat

piano électrique

saxofon

saxophone

flauta

flûte

micròfon

microphone

instrument de música - instruments de musique

entrada
entrée

tigre
tigre

gàbia
cage

zebra
zèbre

aliment per a animals
alimentation animale

ós panda
panda

animals
animaux

elefant
éléphant

cangurú
kangourou

rinoceront
rhinocéros

goril·la
gorille

ós
ours

camell

chameau

estruç

autruche

lleó

lion

simi

singe

flamenc

flamand rose

papagai

perroquet

ós polar

ours polaire

pingüí

pingouin

ca mari

requin

paó

paon

serp

serpent

cocodril

crocodile

guardià del zoo

gardien de zoo

foca

phoque

jaguar

jaguar

poni
poney

lleopard
léopard

hipopòtam
hippopotame

girafa
girafe

àliga
aigle

senglar
sanglier

peix
poisson

tortuga
tortue

morsa
morse

guineu
renard

gasela
gazelle

futbol americà
american Football

ciclisme
cyclisme

tenis
tennis

bàsquet
basket-ball

natació
natation

boxa
boxe

hoquei sobre gel
hockey sur glace

futbol americà
....
football

bàdminton
....
badminton

atletisme
....
athlétisme

handbol
....
handball

esquí
....
ski

polo
....
polo

riure
rire

saltar
sauter

abraçar
embrasser

anar
marcher

cantar
chanter

somiar
rêver

pregar
prier

fer un petó
faire la bise

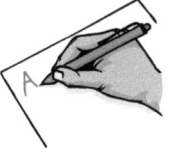

escriure
écrire

dibuixar
dessiner

mostrar
montrer

pitjar
pousser

donar
donner

prendre
prendre

tenir
avoir

fer
faire

ésser
être

estar dret
être debout

córrer
courir

estirar
trier

llançar
jeter

caure
tomber

jeure
être couché

esperar
attendre

portar
porter

asseure's
être assis

vestir-se
s'habiller

dormir
dormir

despertar-se
se réveiller

mirar

regarder

plorar

pleurer

amoixar

caresser

pentinar

peigner

parlar

parler

comprendre

comprendre

demanar

demander

escoltar

écouter

beure

boire

menjar

manger

endreçar

ranger

estimar

aimer

cuinar

cuire

conduir

conduire

volar

voler

activitats - activités

navegar

faire de la voile

calcular

calculer

llegir

lire

aprendre

apprendre

treballar

travailler

casar-se

se marier

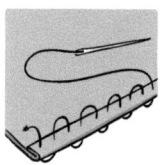

cosir

coudre

raspallar-se les dents

se brosser les dents

matar

tuer

fumar

fumer

enviar

envoyer

família
famille

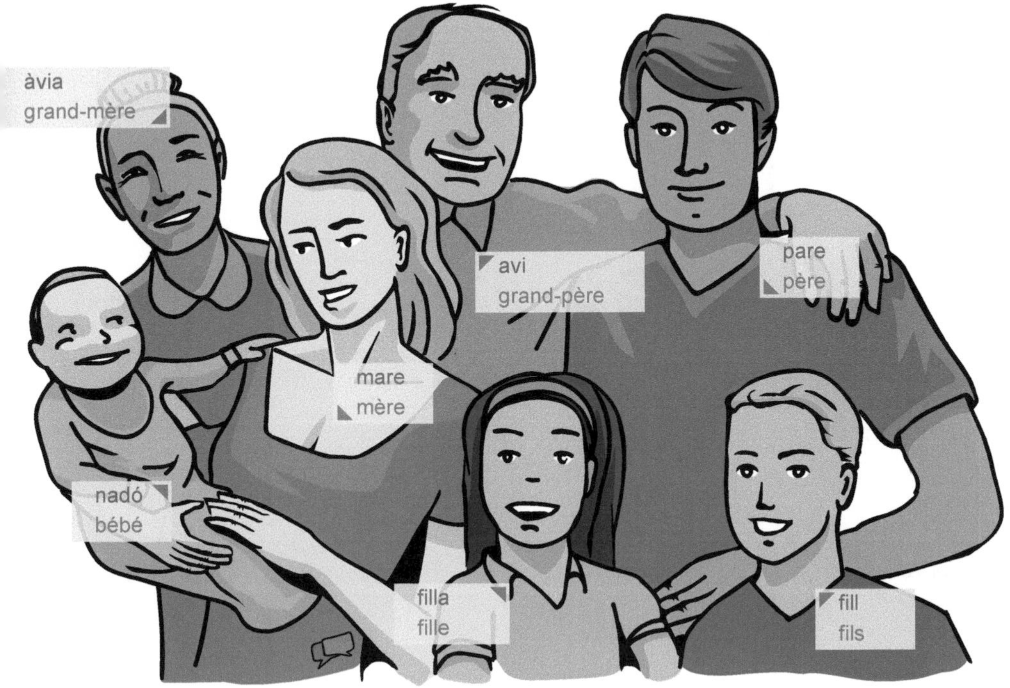

àvia
grand-mère
avi
grand-père
pare
père
mare
mère
nadó
bébé
filla
fille
fill
fils

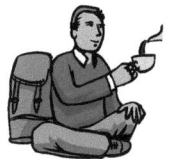

convidat

hôte

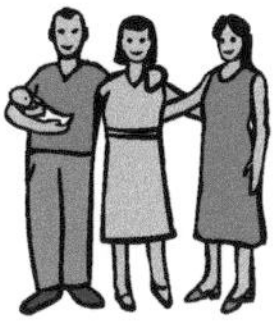

tia

tante

oncle

oncle

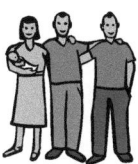

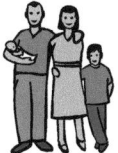

germà

frère

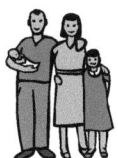

germana

sœur

cos

corps

front
front
ull
œil
espatlla
épaule
dit
doigt
cara
visage
barbeta
menton
mà
main
pit
poitrine
cama
jambe
braç
bras

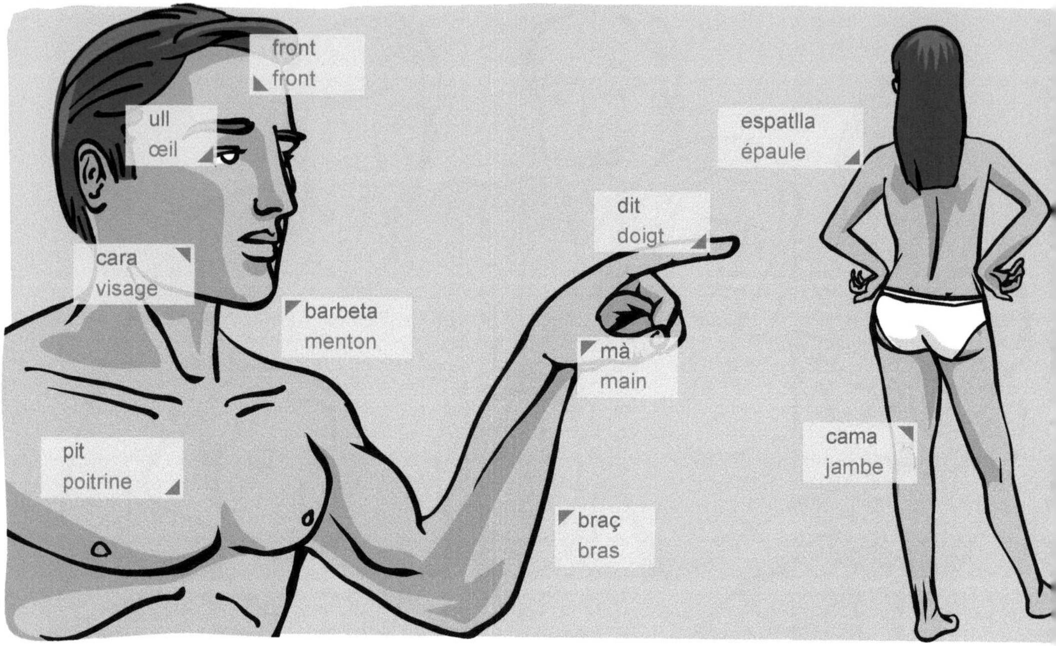

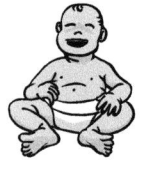

nadó
bébé

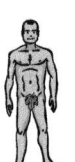

home
homme

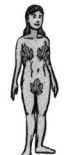

dona
femme

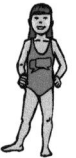

noia
fille

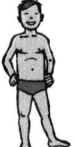

noi
garçon

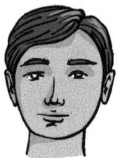

cap
tête

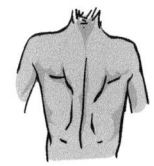

esquena
dos

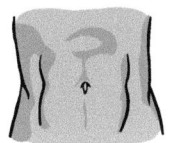

panxa
ventre

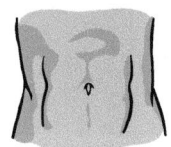

melic
nombril

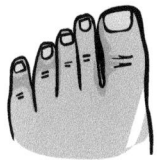

dit gros del peu
orteil

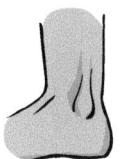

taló
talon

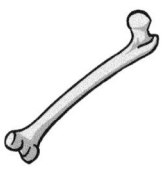

os
os

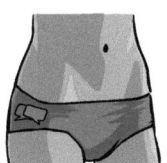

maluc
hanche

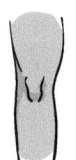

genoll
genou

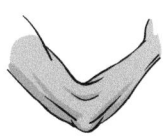

colze
coude

nas
nez

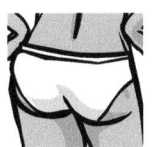

cul
fesses

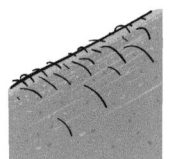

pell
peau

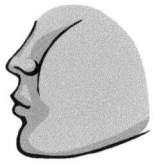

galta
joue

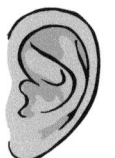

orella
oreille

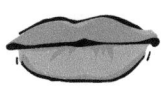

llavi
lèvre

boca

bouche

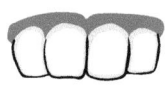

dent

dent

llengua

langue

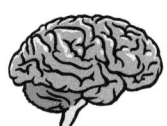

cervell

cerveau

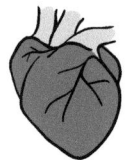

cor

cœur

múscul

muscle

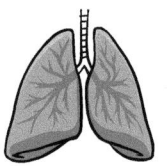

pulmó

poumons

fetge

foie

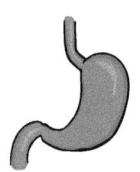

estómac

estomac

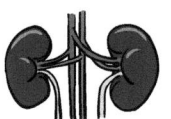

ronyó

reins

relació sexual

rapport sexuel

preservatiu

préservatif

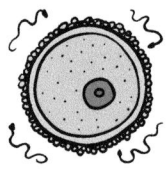

ovari

ovule

semen

sperme

prenyat

grossesse

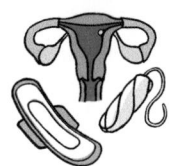

menstruació
menstruation

vagina
vagin

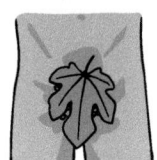

penis
pénis

cella
sourcil

cabells
cheveux

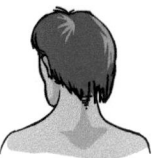

coll
cou

hospital
hôpital

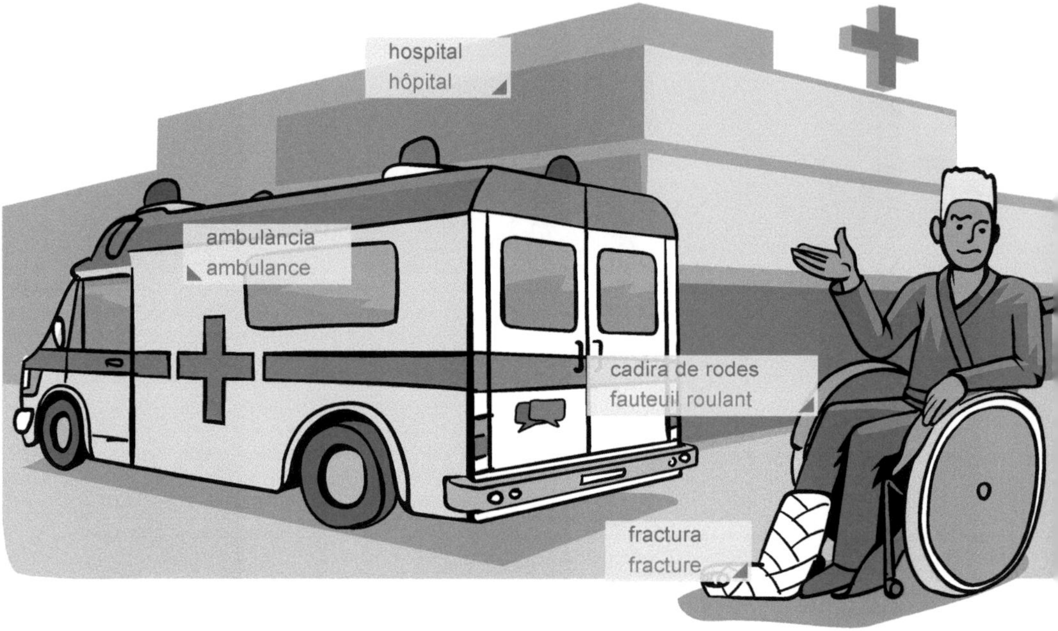

hospital
hôpital
ambulància
ambulance
cadira de rodes
fauteuil roulant
fractura
fracture

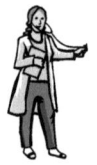

doctora

médecin

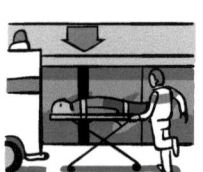

sala d'urgències

service des urgences

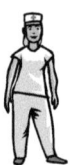

infermera

infirmière

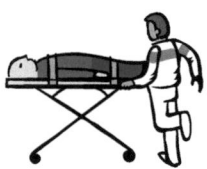

urgència

urgence

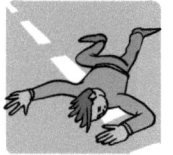

inconscient

inconscient

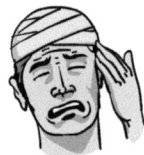

dolor

douleur

ferida

blessure

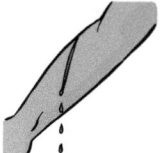

sagnament

hémorragie

atac de cor

crise cardiaque

apoplexia

attaque cérébrale

al·lèrgia

allergie

tos

toux

febre

fièvre

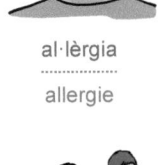

gripa

grippe

diarrea

diarrhée

mal de cap

mal de tête

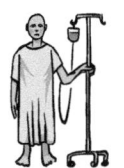

càncer

cancer

diabetis

diabète

cirurgià

chirurgien

escalpel

scalpel

operació

opération

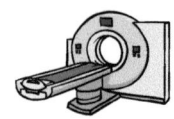

tomografia computada (TC), TAC
....
CT

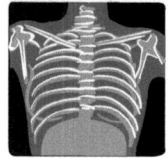

raigs x
....
radiographie

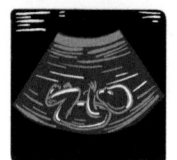

ultrasò
....
échographie

mascareta
....
masque

malaltia
....
maladie

sala d'espera
....
salle d'attente

crossa
....
béquille

tireta
....
pansement

embenat
....
pansement

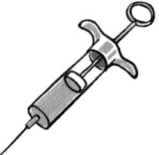

injecció
....
injection

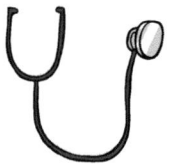

estetoscopi
....
stéthoscope

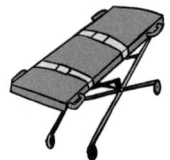

llitera
....
brancard

termòmetre clínic
....
thermomètre

pariment
....
accouchement

sobrepès
....
surpoids

aparell auditiu

appareil auditif

desinfectant

désinfectant

infecció

infection

virus

virus

VIH / SIDA

VIH / sida

medicina

médicament

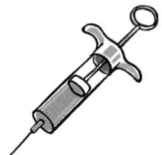

vaccí

vaccination

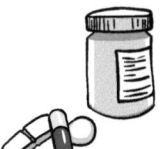

comprimits

tablettes

píl·lola

pilule

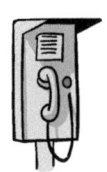

trucada d'urgència

appel d'urgence

tensiòmetre

tensiomètre

malalt / sà

malade / sain

Socors!	alarma	assalt
Au secours!	alarme	agression

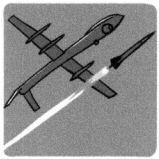

atac	perill	sortida-eixida d'urgència
attaque	danger	sortie de secours

Foc!	extintor	accident
Au feu!	extincteur	accident

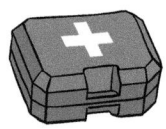

farmaciola de primers auxilis	SOS	policia
trousse de premier secours	SOS	police

Europa
Europe

Amèrica del Nord
Amérique du Nord

Amèrica del Sud
Amérique du Sud

Àfrica
Afrique

Àsia
Asie

Austràlia
Australie

Atlàntic
Océan atlantique

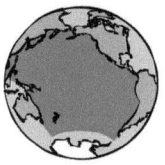

Pacífic
Océan pacifique

Oceà Índic
Océan indien

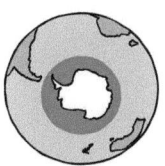

Oceà Antàrtic
Océan antarctique

Oceà Àrtic
Océan arctique

pol nord
Pônord

pol sud

Pôsud

Antàrtida

Antarctique

terra

terre

país

pays

mar

mer

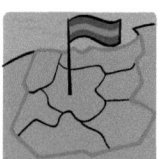

illa

île

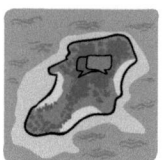

nació

nation

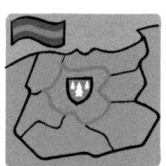

estat

état

quadrant

cadran

agulla de les hores

aiguille des heures

agulla dels minuts

aiguille des minutes

agulla dels segons

aiguille des secondes

Quina hora és?

Quelle heure est-il?

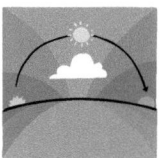

dia

jour

temps

temps

ara

maintenant

rellotge digital

montre digitale

minut

minute

hora

heure

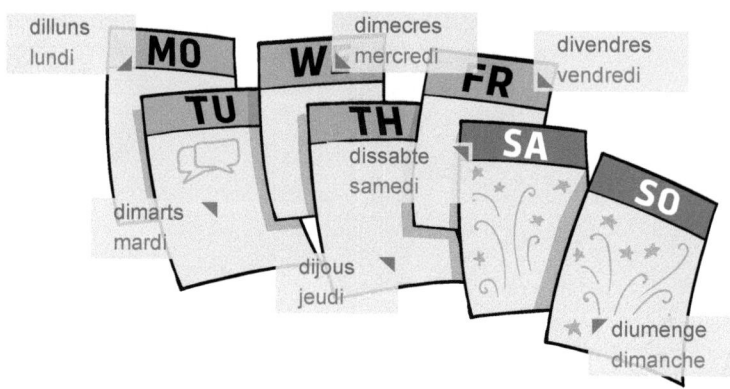

dilluns / lundi — MO
dimecres / mercredi — W
divendres / vendredi — FR
TU
TH — dissabte / samedi
SA
dimarts / mardi
dijous / jeudi
SO
diumenge / dimanche

ahir
....
hier

avui
....
aujourd'hui

demà
....
demain

matí
....
matin

migdia
....
midi

tarda
....
soir

dia feiner
....
jours ouvrables

cap de setmana
....
week-end

any
année

arc de Sant Martí
arc-en-ciel
pluja
pluie
neu
neige
vent
vent
primavera
printemps
tardor
automne
estiu
été
hivern
hiver

4.APRIL 11°
5.APRIL 4°
6.APRIL 13°
7.APRIL 8°
8.APRIL 10°

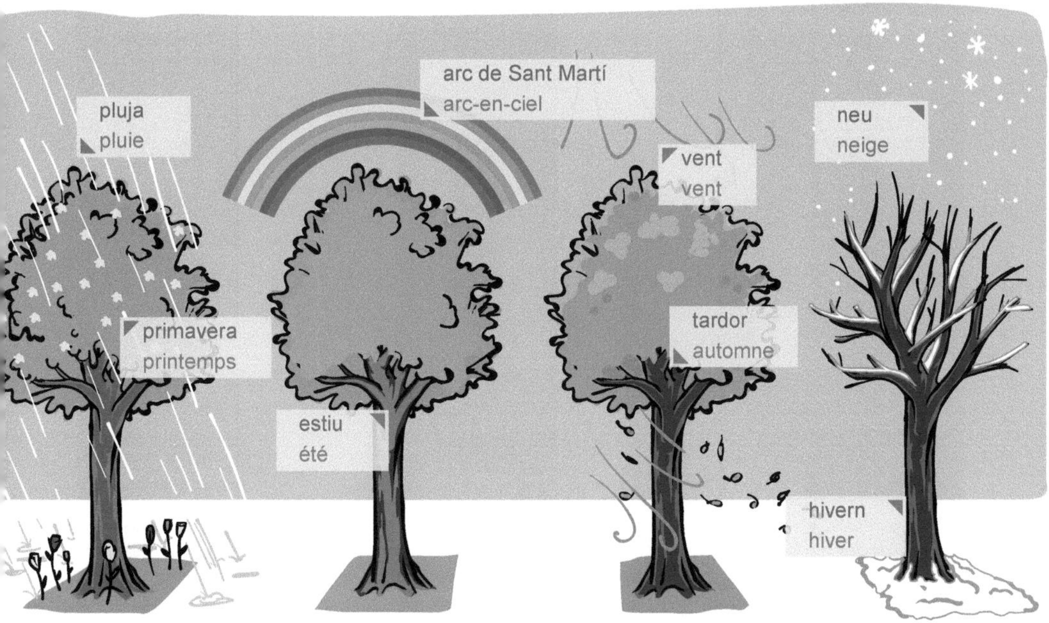

pronòstic del temps

météo

F C
120 90 60 30 0 -30
40 30 20 10 0 -10 -20

termòmetre

thermomètre

llum del sol

lumière du soleil

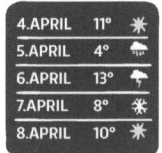

núvol

nuage

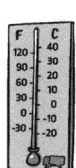

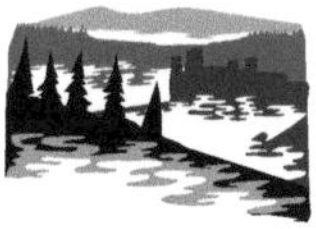

boira

brouillard

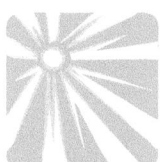

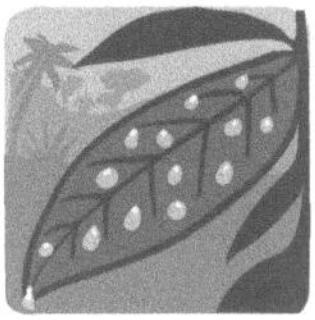

humiditat de l'aire

humidité

llamp

foudre

tro

tonnerre

tempesta

tempête

calamarsa

grêle

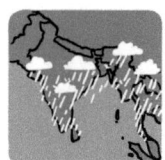

monsó

mousson

inundació

inondation

gel

glace

gener

janvier

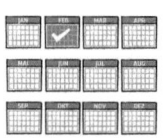

febrer

février

març

mars

abril

avril

maig

mai

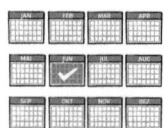

juny

juin

juliol

juillet

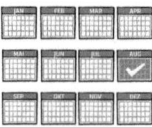

agost

août

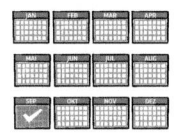

setembre
....
septembre

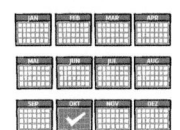

octubre
....
octobre

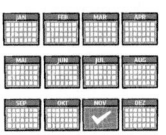

novembre
....
novembre

desembre
....
décembre

formes

formes

cercle
....
cercle

quadrat
....
carré

rectangle
....
rectangle

triangle
....
triangle

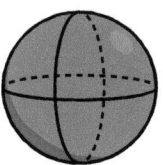

esfera
....
sphère

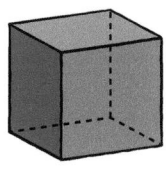

cub
....
cube

formes - formes

83

colors

couleurs

blanc
blanc

groc
jaune

taronja
orange

rosa
rose

vermell
rouge

lila
violet

blau
bleu

verd
vert

marró
marron

gris
gris

negre
noir

molt / poc

beaucoup / peu

emprenyat / tranquil

fâché / calme

bonic / lleig

joli / laid

començament / fi

début / fin

gran / petit

grand / petit

clar / fosc

clair / obscure

germà / germana

frère / sœur

net / brut

propre / sale

complet / incomplet

complet / incomplet

dia / nit

jour / nuit

mort / viu

mort / vivant

ample / estret

large / étroit

comestible / immenjable

comestible / incomestible

dolent / amable

méchant / gentil

entusiasmat / entediat

excité / ennuyé

gros / prim

gros / mince

primer / darrer

premier / dernier

amic / enemic

ami / ennemi

ple / buit

plein / vide

dur / tou

dur / souple

pesant / lleuger

lourd / léger

gana / set

faim / soif

malalt / sà

malade / sain

il·legal / legal

illégal / légal

intel·ligent / ximple

intelligent / stupide

esquerra / dreta

gauche / droite

prop / llunyà

proche / loin

nou / usat
....
nouveau / usé

res / quelcom
....
rien / quelque chose

vell / jove
....
vieux / jeune

encès / apagat
....
marche / arrêt

obert / tancat
....
ouvert / fermé

silenciós / sorollós
....
faible / fort

ric / pobre
....
riche / pauvre

correcte / incorrecte
....
correct / incorrect

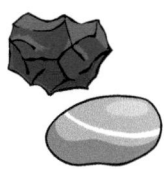

aspre / suau
....
rugueux / lisse

trist / content
....
triste / heureux

curt / llarg
....
court / long

lent / ràpid
....
lent / rapide

humit / sec - eixut
....
mouillé / sec

calent / fred
....
chaud / froid

guerra / pau
....
guerre / paix

oposats - oppositions

0

zero

zéro

1

u

un

2

dos

deux

3

tres

trois

4

quatre

quatre

5

cinc

cinq

6

sis

six

7

set

sept

8

vuit

huit

9

nou

neuf

10

deu

dix

11

onze

onze

12

dotze

douze

13

tretze

treize

14

catorze

quatorze

15

quinze

quinze

16

setze

seize

17

disset

dix-sept

18

divuit

dix-huit

19

dinou

dix-neuf

20

vint

vingt

100

cent

cent

1.000

mil

mille

1.000.000

milió

million

anglès

anglais

anglès americà

anglais américain

xinès mandarí

chinois mandarin

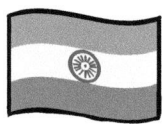

hindi

hindi

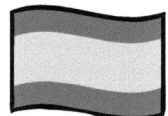

espanyol

espagnol

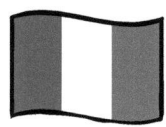

francès

français

àrab

arabe

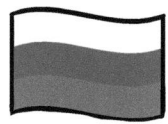

rus

russe

portuguès

portugais

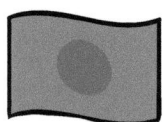

bengalí

bengali

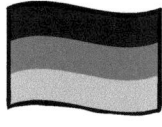

alemany

allemand

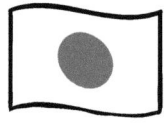

japonès

japonais

jo
je

tu
tu

ell / ella / allò
il / elle

nosaltres
nous

vosaltres
vous

ells
ils / elles

qui?
qui?

què?
quoi?

com?
comment?

on?
où?

quan?
quand?

nom
nom

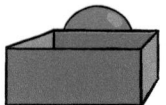

darrere

derrière

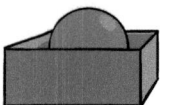

en

dans

davant de

devant

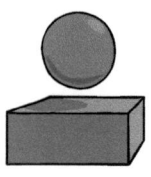

damunt

au-dessus

sobre

sur

sota

en-dessous

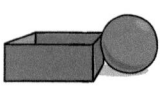

al costat

à côté de

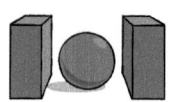

entre

entre

lloc

lieu